MARKETING DIGITAL

Luigi Padovesi

- Cómo configurar un negocio en línea 5
- Siempre debes ser tú mismo 6
- Entender lo que quiere el mercado 7
- Crea un plan bien definido 7
- ¡Actúa!..8
- No tienes que trabajar por dinero 9
- El éxito del negocio en línea 14
- Estrategia DEFINITIVA para tener éxito con su negocio en línea..17
- Optimizar el tipo de conversión 23
- Network Marketing estratégico 29
- Email Marketing estratégico 35
- El Retargeting 37
- Lead Generation..39
- Definir el objetivo correcto 41
- Estructura para aumentar las ventas.....................43
- Adquisición leads 46
- Estrategias de Lead Generation 49
- Lead Nurturing 53
- Funnel Marketing 55
- El Funnel de la venta 55

Cómo crear cualquier tipo de cuerda	58
Pago por Click	60
Cómo definir el objetivo adecuado	63
Posicionamiento y marca	65
Landing pages	67
Afiliate Marketing	70
Cómo funciona el mundo de las afiliaciones	70
Cultivar tus propias pasiones	73
Cómo convertirse en un exitoso Afiliado Marketer	75

Cómo configurar un negocio en línea

¿Qué puntos tienes que considerar para convertirte en un vendedor serio?

Cuando hablo en serio, me refiero no como los que copian el trabajo de otros y se autoproclaman expertos cuando en realidad no saben nada de marketing.

Tú debes ser uno de esos tipos que cuando habla de su negocio, deja boquiabiertos a los que escuchan. Tienes que ser el que sea visto por la competencia, temido y atacado para derribarlo. Sólo en este punto te darás cuenta de que te has convertido en un verdadero vendedor; me di cuenta cuando me echaron de dos grupos donde la gente me etiquetaba para pedirme consejo, pero el grupo no era mío, imagínate los administradores (que trabajan en línea más tiempo que yo) cómo reaccionaron.

Pero vayamos al grano. ¿Cuáles son los puntos fundamentales que hay que tener para llegar a ser un vendedor con p…tas?

SIEMPRE DEBES SER TÚ MISMO

Parece fácil, ¿no es así? O banal, y sin embargo el 99,99% de quien hace este trabajo no es como dice ser, muchos fingen ser mucho más de lo que son. En línea puedes mostrar lo mejor de ti mismo, pero realmente no sabes quién está detrás y cómo es realmente. Esto lo comprendes siguiendo a esa persona de verdad, leyendo sus intervenciones y siguiéndolo también en los vídeos, etc.…

La primera regla es ser tú mismo. Nada de ficción, porque tarde o temprano, descubrirás quién eres realmente.

Una respuesta fuera de lugar, un momento no, y ahí viene tu verdadera persona. Los usuarios quieren hablar contigo, quieren saber que pueden confiar en ti. A menudo oigo decir a mis amigos: "te sigo porque me das confianza y porque eres sincero."

Eso es lo que tú también debes apostar. No finjas, tu carrera se verá afectada.

ENTENDER LO QUE QUIERE EL MERCADO

Esto es crucial para el éxito de un negocio, ya sea en línea o fuera de línea. Tienes que entender lo que la gente necesita y analizar los problemas sin resolver.

Puedes buscar en la web, hacer una búsqueda específica de ese sector.

CREA UN PLAN BIEN DEFINIDO

No puedes empezar a trabajar en línea sin un plan definido de lo que quieres conseguir y quién quieres ser.

¿Abrirías un restaurante sin saber qué vender? No, no lo creo.

En el Internet marketing es lo mismo. Pregúntate siempre estas preguntas:

¿QUIÉNES SON HOY? ¿QUIÉN QUIERO SER EN 5 AÑOS? ¿CUÁLES SON MIS OBJETIVOS ECONÓMICOS? ¿CÓMO PRETENDO ALCANZARLOS?

Parece banal pero no lo es. Desde que escribí mis planes, mis objetivos y el camino que pretendo seguir para alcanzarlos, las cosas han cambiado.

Empecé a leer lo que escribía todos los días para recordar lo que quería lograr y cómo hacerlo. Créeme, ha sido muy útil para mi éxito. Inténtalo, no te cuesta nada.

¡ACTÚA!

Ahora solo tienes que actuar y poner en práctica tu plan de acción. Recuerda, no te asustes, lleva tiempo saber si funciona o no, si no funciona, simplemente entiendes el problema y lo solucionas.

¡Pero no te rindas! Sigue tu camino y mantente enfocado en tu objetivo.

No tienes que trabajar por dinero

Definimos las posibilidades que nos ofrece Internet, afrontamos un concepto que ha cambiado mi vida y me ha permitido tener éxito en cada proyecto que he decidido abordar: la importancia de no trabajar por el dinero.

Las personas por ahí, por desgracia, están buscando un trabajo que no les interesa sólo para ser pagados; no entienden que la fórmula para hacer dinero es precisamente eso; tienes que hacer absolutamente el trabajo que amas, y dejar que el dinero sea una consecuencia de tu buen trabajo hecho con pasión y compromiso.

Muchas personas me preguntan por qué después de haber logrado excelentes resultados en línea todavía están ahí que me acuesto y quiero hacer más y más ventas en todo lo que promuevo, pero no entienden que para nosotros esta es una forma de arte.

Quien quiera trabajar desde casa, viajar por el mundo con su PC, asistir a eventos y gente no lo hace por dinero. Para nosotros todo esto es sentirnos vivos, sentirnos realizados, para nosotros este es un estilo de vida, realmente una forma de arte.

Imagina a un pintor, por ejemplo, un Picasso que pinta hermosas pinturas y no lo hace por dinero, lo hace porque se sentiría mal sin hacerlo. Luego llega el día de la exposición, mucha gente invitada que viene a verla, pero nadie compra.

¿Ahora imagina cómo se sentiría un pintor que lo hace por dinero e imagina cómo se sentiría Picasso?

Para nosotros es lo mismo.

Cuando la gente compra, cuando "te tiran dinero", como me dicen a menudo, para nosotros es el reconocimiento de alguien que ha hecho un gran trabajo, ¡Nos enorgullece nuestra obra de arte y todo el trabajo y la pasión que hemos puesto en ella!

¿Crees que un Picasso o un Miguel Ángel se enojarán si nadie compra en su exposición? Vamos, ¿crees que es dinero? ¡NO! Se enojan porque se sienten fracasados como artistas, se sienten inútiles y el hecho de que la gente no reconozca su genio es una herida mucho mayor que la falta de ventas.

En cambio, imagínate si un caballero muy rico entrara en la exposición y empezara a elogiar, exaltar las dotes del artista, ¡y comprara un cuadro ofreciendo un millón de euros!

Ahora imagínate cómo se sentiría Picasso. ¿Crees que se alegrará de haber cobrado 1 millón, o porque su obra fue vendida por 1 millón? ¡La misma obra en la que ha trabajado durante meses y que lleva años de estudio, pruebas, contraseñas y pasión!

No trabajes por dinero, amigo mío, deja que esto sea la consecuencia de tu buen trabajo, como lo es para nuestro artista. Así que quiero que te sientas, porque sólo si estás convencido de lo que sea que estés promoviendo y vendiendo, entonces lo conseguirás; lo que sea que quieras vender en línea, recuerda que tu sistema sobre ese producto hará la diferencia entre el éxito y el fracaso.

Tienes que tener pasión por lo que promocionas, tienes que sentirlo dentro de cada célula porque solo así podrás convencer a todas las personas a las que puedas llegar (y créeme, después te enseñaré cómo encontrar muchas) literalmente tirándote dinero encima por cada cosa que decidas ascender cada vez que quieras. Así que quizás te estés preguntando …

"Pero ¿será realmente para mí el marketing en línea?"

O quizás estés pensando …

¿Pero puedo hacer dinero en línea con este método? ¿Puedo promover mi negocio? ¿Seré capaz de construir un negocio en línea, aunque empiece de cero y no sepa absolutamente nada?"

La respuesta es sí, lo harás.

Te enseñaré todo esto y compartiré todos mis secretos, pero hay una cosa que no puedo poner para ti: LA PASIÓN. Tienes que poner eso en la vida donde quieres resultados.

Así que sí, puedes tener grandes logros, tanto en términos personales como económicos, pero todo empieza con una promesa:

NO TRABAJES POR DINERO, TIENES QUE HACERLOS TRABAJAR PARA TI; SIGUE TU

PASIÓN ¡Y PROMOCIONA SIEMPRE Y SÓLO COSAS EN LAS QUE CREES AL 1000%!

El éxito del negocio en línea

Ahora te explicaré todo el mundo de la web y descubrirás que esta industria aparentemente tan compleja, rápida y en constante evolución no es más que algo siempre igual e inmutable.

Mira cómo ha cambiado el mundo de Internet en los últimos 20 años, y verás que al final de la historia todo lo que encontramos es simplemente una mejor calidad en todo, nada más.

La verdad es que la función de Internet sigue siendo la misma desde que nació: conectar a las personas con la única diferencia de que un smartphone actual hace los vídeos mucho mejor que una videocámara multiprofesional de hace cuatro años, Pero es un video.

Los programas que utilizamos, las tarjetas gráficas de los ordenadores y las líneas de Internet son infinitamente mejores, pero siguen siendo los mismos productos. También la comunicación ha evolucionado, intenta pensar en ello, hubo un tiempo en que podíamos llamarnos y ahora podemos enviarnos vídeos, audio, videollamadas, Skype; ¡pero se trata de entrar en contacto!

Mira, lo que intento decirte es que tenemos una mejor tecnología y muchos más medios, ¡pero el principio de Internet sigue siendo el mismo! unir a las personas.

Por eso te digo que realmente no importa lo que nos depare el futuro, lo importante es entender el concepto básico del funcionamiento de Internet que es el siguiente: "Si pones un enlace en algún lugar, tarde o temprano alguien hará clic en él" y cuanta más gente hagas clic en ella, más gente se pondrá en contacto contigo, más gente se pondrá en contacto contigo, ¡más ventas y más dinero haces … FIN!

¡Esto es todo, se trata de construir tantas rutas como sea posible para traer avalanchas de gente hacia ti!

Muchos me han preguntado cómo es posible, por ejemplo, generar 1000 ventas de un producto en Internet y la respuesta si lo piensas es muy simple: ¡1000 personas deben saber que existes! Tienen que hacer clic en tu enlace e ir a ver lo que tienes que ofrecer, ¡eso es todo! No importa realmente si te han encontrado a través de Google, Facebook, Youtube, nuevos sitios web o nuevas aplicaciones que todavía están en fase beta, sinceramente, todo esto no nos interesa.

Sólo nos interesa haber entendido el concepto, que es siempre el mismo y siempre será el mismo para siempre en la historia de Internet: Pon un enlace en algún lugar, y alguien nos hará clic.

Estrategia DEFINITIVA para tener éxito con su negocio en línea

Lo creas o no, pero te garantizo que la mágica estrategia para el éxito online existe y te la voy a dar.

Cuando apliques esta simple estrategia, estoy seguro de que verás resultados como un río en tu negocio, cualquier cosa que quieras promocionar en Internet. La fórmula es la siguiente:

TRÁFICO + ÍNDICE DE CONVERSIONES = VENTAS

A pesar de que a primera vista esta operación puede tener poco sentido y no te dice nada, te aseguro que en estos tres elementos se encierra todo lo que necesitas para construir un negocio en línea que dará resultados para siempre. Vamos a analizar a partir del primer elemento:

1. TRÁFICO. ¿Qué se entiende por "tráfico" en Internet? Simplemente el tráfico es la cantidad de personas que te ven, que hacen clic en una foto, un post, un video o un enlace. En resumen, el tráfico es la cantidad de interacciones que recibes todos los días de la gente de ahí fuera.

el secreto de todas las personas que tienen éxito en línea, es sin duda el 99,9% de la cantidad de TRÁFICO que han logrado generar para cada cosa que han promovido, Tanto tráfico, miles de personas cada día viendo sus productos por todas partes. Verás, con la experiencia también me he dado cuenta de una cosa: nunca hay suficiente visibilidad que puedas tener.

Piensa, por ejemplo, en Coca Cola, una marca conocida en todo el mundo pero que sigue apareciendo en todos los anuncios, en la televisión y en todos los medios de comunicación. ¿Crees que Coca-Cola se preocupa por tener mucho tráfico? ¿Crees que Coca-Cola se preocupa por tener demasiados ojos que la ven todos los días? ¡Absolutamente no! Por eso te digo que cuando empiezas a trabajar en línea tu verdadero problema no son las dificultades técnicas, porque como hemos visto, es muy fácil hacerlo todo, sino poder vencer a la oscuridad. ¡La oscuridad es tu problema, no la exposición excesiva que recibirás cuando empiecen a llover ganancias y ventas! Por eso, lo primero que debes aprender es DOMINAR EL TRÁFICO, es decir, ¡llevar a la gente hacia ti a tus órdenes! ¿Y dónde están estas personas? Se encuentran en todas las plataformas en las que pasamos nuestro tiempo en Internet: Facebook, Youtube, Google, Instagram, Twitter, Bing, sitios de Noticias, Blogs etc....

¿Alguna vez has visto a alguien en Internet que hace unas fotos preciosas o videos geniales, que tienen un cuidado increíble de toda la parte gráfica pero que básicamente no monetizan nada? Estoy seguro de que sí; ahora te digo algo que va a sonar loco pero que es la pura verdad: los sitios web hermosos NO hacen dinero. Los que hacen dinero son los sitios web que RECIBEN TRÁFICO, punto. Puedes ser tan genial como quieras, hacer videos tan buenos como quieras, tener la página web más genial de la historia, pero si no tienes a alguien que te encuentre en Internet, la realidad es que siempre te quedas en el universo de la web y no ganas dinero. Por eso el consejo más grande que puedo dar a quien empieza es precisamente este: trabaja de cantidad, no de calidad. ¡La calidad vendrá con la cantidad, créeme! Una vez que tengas más experiencia, podrás trabajar para embellecer toda tu marca, mejorar los gráficos, etc.… Pero ahora tu prioridad es otra: tienes que monetizar.

Tienes que salir ahí fuera y hacer saber a tanta gente como sea posible que tu producto existe, tienes que traer tanto tráfico de ignorancia ¡que sobre la masa de personas que te encontrarán las ventas serán la consecuencia natural del descremado que ocurrirá totalmente sola! Lo bueno de Internet es que no estás llamando a la gente, no estás molestando a nadie y simplemente aquellos que no están interesados en tu producto o servicio van a hacer clic en otro lugar … Entonces, ¿cuál es el problema? El TRÁFICO es lo primero, pero creo que en realidad es lo único que necesitas para sacar a flote tu negocio en línea, pero por ahora solo tenemos que tener en cuenta que el tráfico es el primer componente clave del éxito en línea, ¡porque sin eso no llegan clientes y sin clientes no llega dinero! Ahora pasemos a la segunda parte de la fórmula.

2. **TASA DE CONVERSIONES Y VENTAS.** En esta fase, la gente empezará a encontrarte e ir a

ver qué tienes para ofrecer. Ahora viene la parte interesante, ten mucho cuidado: Como media general de la industria en línea, se estima que sólo el 1% de las personas que te encuentran luego se convierten en clientes y compran de ti. Todos los demás bien o mal se pierden, o simplemente no están interesados.

Cuando entiendas esta regla, entonces entenderás que la comercialización de Internet es mucho más que una cuestión de suerte… es una ciencia precisa. Hasta entonces, estarás apostando. De hecho, lo que sucede en el mundo en línea cuando la gente trata de hacer todo por sí misma es esto: se encuentran disparando al azar, exactamente como lo hice esa noche con los primeros 300€ tirados en popups al azar con la esperanza de hacer algunas ventas. Ahora, debes saber que, si aprendes a llevar a 100 personas hacia ti, ¡tienes una gran oportunidad de cerrar una venta y hacer el primer dinero! Por supuesto, esta es una media general de toda la industria de Internet, que está hecha de muchos productos, pero en mi experiencia puedo decirte que es absolutamente cierto: solo el 1 % de las personas que te encuentran están dispuestas a comprar realmente.

Este 1% es lo que llamamos TASA DE CONVERSIÓN, es decir, el porcentaje de personas que se convierten en VENTAS.

Básicamente hemos visto que si "desaparecemos" tráfico hacia nosotros (o hacia lo que queremos vender) tenemos un promedio de un 1% de conversiones, así que esperamos que, si 100 personas entran en contacto con nosotros, ¡al menos 1 comprará!

Ahora, ¿te das cuenta de que todo en lo que tenemos que centrarnos ahora es en recibir 100 clics?

Recibir a 100 personas que interactúan con nosotros es todo lo que queremos… ¡FIN!

¡Cuando seamos buenos en la promoción (luego leerás todos los secretos para hacerlo de la mejor manera) veremos fácilmente las conversiones aumentar al 2% o incluso más!

Optimizar el tipo de conversión

La tasa de conversión viene dada por la relación entre las conversiones y el tráfico total de una Landing Page, en otras palabras, es la cantidad de personas que, después de ver su página web, terminarán comprando su producto.

Por lo tanto, podemos adivinar fácilmente cómo optimizar la tasa de conversión puede llevarnos, en igualdad de tráfico web, una enorme diferencia en términos de beneficio.

¿Cómo podemos mejorar esta tasa de conversión?

En primer lugar, es apropiado saber correctamente qué es una conversión.

Por ejemplo, al crear una página web, siempre tendrás en mente una intención, una acción que el visitante deberá realizar después de leer tu contenido.

Por ejemplo, imaginemos que un usuario se topa con una revisión de un producto.

Tu objetivo será vender el producto del que habla la reseña, así que deberás hacer que el visitante, a través de Call To Action, abra una página de venta, después de hacer clic en el botón de compra y terminar el proceso

Por lo tanto, en función del fin del sitio o de una página web determinada, podemos decir que la conversión se asemeja a la acción que nos gustaría que hiciera nuestro visitante, que podría ser, precisamente, comprar.

En este simple ejemplo, la compra es precisamente la conversión que estamos buscando.

Así pues, ¿qué debe hacerse para aumentar el tipo de conversión?

- Para aumentar las ventas existen principalmente cuatro métodos:
- Aumentar el número de visitantes.
- Comprender el interés de los consumidores.
- Publicar contenido de calidad.
- Aumentar la cantidad que los visitantes pagan por una sola compra.

El sitio es una ventana al mundo, en la que se pueden exponer sus productos y el sistema que nos permite diferenciarnos de la competencia.

En consecuencia, se producen más visitas y es más probable obtener un alto porcentaje de clientes interesados en el producto, pero sobre todo para dar a conocer al mundo su servicio y, por lo tanto, un éxito distinto.

El tipo de conversión se debe también a la calidad de su sitio web, pero ¿cómo se determina la "calidad" de este último? Hay varios factores para clasificar la calidad de un sitio, entre los que se incluyen la estructura y la navegación del sitio, la accesibilidad, la usabilidad, la gestión y el contenido del sitio.

Cuando hablamos de estructura y navegación, hay básicamente dos modos de explorar la web: la navegación libre o autónoma y la navegación con un fin determinado.

En la primera, el navegante se deja guiar por su propio hilo lógico de asociaciones mentales en busca de algo que considera interesante desde su punto de vista.

En la segunda, sin embargo, el usuario busca algo específico ignorando el resto, incluyendo entradas de menú y cualquier otro elemento que no esté inmediatamente relacionado con su objetivo; por esta razón es necesario crear un sitio con una estructura simple y favorable, para encontrar con sencillez lo que un consumidor está buscando. También hay que tener siempre en cuenta lo que es la experiencia del visitante, es decir, la facilidad y la comodidad con la que puede encontrar la información que está buscando.

Un sitio, además de tener unos gráficos hermosos, debe tener un tema de calidad y debe estar bien estructurado, interesante e intrigante para leer; y sobre todo debe estar diseñado para permitir que nuevos consumidores nos encuentren.

En resumen, los principales consejos son:

Hacer que su sitio sea más agradable y atractivo mediante la creación de una interfaz de transmisión original y fácil de usar.

Permitir una búsqueda rápida y fácil mediante determinadas "estrategias" gráficas, que deben ser lo más pequeñas posible y fáciles de navegar.

Organizar rutas de información de manera bien estructurada, coherente y cautivadora.

Network Marketing estratégico

La Red Marketing en pocas palabras significa "Venta de productos y servicios a través de las Redes Sociales".

Si lo piensas bien todos tenemos una necesidad que satisfacer y hay personas que nos ofrecen la solución a estas necesidades; esto sucede siempre y en todas partes, incluso sin conexión. Si tengo que comprar un vestido nuevo, ¿qué hago? Entro en una tienda de ropa y compro mi vestido.

Tenía una necesidad y alguien la satisfizo.

Pero déjame decirte algo: hoy en día la gente pasa horas y horas delante de su PC y su smartphone. A partir de 2012, las horas diarias que pasan por delante de su aparato electrónico son, por término medio, de aproximadamente dos horas.

Con el paso de los años, esta cifra ha aumentado considerablemente. Basta con señalar que todos tienen un PC o un móvil, todos tienen Facebook y todos se conectan a Google para buscar algo.

Hoy una de cada dos personas tiene Internet. Pero lo más importante es que, según algunos estudios, 16 millones de italianos compran ONLINE.

Esto significa que hay 16 millones de italianos que cada día o casi hacen compras en línea; piensa si puedes llegar a un porcentaje mínimo de estas personas.

¡Pero esto no ha terminado! Para hacerte entender los números que tienes a tu disposición, quiero darte otro dato importante, que quizás ya conozcas.

En 2016, Facebook tiene 1.590 millones de usuarios activos, lo que significa que tienes a tu disposición 1.590 millones de personas de todo el mundo para venderlas.

¿Te das cuenta de lo que estamos hablando? ¿De qué números? Claro, no es fácil llegar a estas personas, hay que tener un buen producto y proponerlo bien, pero si lo haces bien, puedes hacerlo. Imagínate si alcanzases un pequeño porcentaje de estas personas, aún ganarías mucho.

A menudo oigo decir: pero en mi opinión el mercado está saturado, en mi opinión hay demasiados, en mi opinión y en mi opinión...

Tenemos millones de clientes potenciales en todo el mundo, ¿realmente te preocupa si puedes vender tu producto a alguien? Por supuesto, si vendes bayas para camellos dudo que consigas a alguien interesado en este producto, pero es sentido común; sólo tienes que encontrar una necesidad y satisfacerla al máximo. NO, NO IMPORTA SI HAY ALGUIEN QUE LO HACE ANTES DE TI. ¡Tú puedes hacerlo mejor!

Hay miles de personas que cada día venden sus productos/servicios y ganan miles de euros al mes. Luego hay personas que han tenido un impacto en millones de personas y ganan MILLONES DE EUROS POR MES. Sí, has leído bien, POR MES.

Mientras tú intentas convencerte de que no hay mercado, hay alguien que ya ha creado su producto y ya lo está vendiendo a miles de personas. Pero, ¿cómo lograr todo esto? Hay varias maneras de entrar en el mundo de la comercialización de Internet.

- **Primero:** tener conocimientos que otros no tienen y venderlos para que otros mejoren sus vidas con tu consejo. Por ejemplo, puedes vender consultoría en un sector específico.

- **Segundo:** Crear un infoproducto para vender. Muy similar a la primera opción, sólo que crea un producto y lo hace descargar inmediatamente después de la compra. Esta opción sólo es recomendable si realmente eres un experto en un sector concreto, debes haber probado y probado lo que vas a enseñar y tiene que ser implementado correctamente.

Si no cumples con estos estándares, nadie comprará tu producto.

- **Tercero:** Ganar dinero con las afiliaciones (vender un producto de otra persona ganando una comisión) y cpa (Cost Per Action). Este es uno de los sistemas de ganancias en línea más utilizados. No tienes que crear tu propio producto, pero puedes vender y ganar un porcentaje del producto de otra persona. Para hacer bien afiliados de marketing (ganar con las afiliaciones) mi consejo es NUNCA enviar tráfico a la página de ventas del autor, riesgo de perder el usuario. Crea una opt-in page para capturar el contacto de tu cliente potencial y sólo después le venderás el producto.

Esta es la comercialización de Internet en general, podría hablar durante horas y horas de la comercialización de Internet.

Me encanta este trabajo y mi objetivo es crear un grupo de vendedores fuertes e inteligentes que puedan trabajar bien con este sector para poder trabajar juntos.

Email Marketing estratégico

El correo electrónico es el medio de comunicación más privado e íntimo que nos ofrece la web; mediante el email marketing podemos entrar en contacto directo con nuestro cliente o posible cliente. Para que el email marketing funcione, es necesario dar la impresión de conocer profundamente al cliente. A tal fin, existen servicios, como Mailchimp, que pueden segmentar las listas de usuarios para desglosarlas según intereses, intenciones de compra y comportamiento.

Fundamental resulta la construcción de una relación de confianza con el potencial cliente: los emails no deberán ser de pura venta, sino apuntar a la construcción de una relación de confianza que sólo conducirá en un paso posterior a la venta del producto.

Se identifican entonces las fases que cada cliente debe superar para transformarse de lead a comprador que paga.

En este caso las herramientas de email marketing nos ayudan, permitiéndonos analizar el éxito (o no) de las campañas que enviamos, permitiéndonos reaccionar en consecuencia en el futuro.

Por ejemplo, el ya mencionado Mailchimp permite controlar la tasa de apertura de cada correo enviado, además del número de clics en los enlaces.

Además, el marketing por correo electrónico es un método excelente para fidelizar al cliente, de modo que se mantenga en contacto incluso después de la compra y pueda proponer un upsell en el futuro.

El Retargeting

El retargeting es un sistema particular para mostrar nuestros anuncios. De hecho, a través del retargeting, sólo podrás llegar a las personas que ya han interactuado con tu sitio web y que ya te conocen a ti o a tu empresa.

Un ejemplo muy simple puede ser esto: ¿alguna vez has notado que después de ver un producto en Amazon o eBay, esto se te vuelve a proponer en Facebook u otros sitios web? Este es un ejemplo de retargeting: el sitio web sabe que te interesa este producto, y te propone comprarlo.

¿Para qué sirve el retargeting? Muy simple, tienes que saber que, normalmente, sólo el 2% de los visitantes son convertidos a la primera visita.

El retargeting permite a la empresa ir a recuperar el 98 % de los visitantes restantes, que han demostrado interés en el producto o en el servicio, pero no han finalizado la compra.

Puede activar campañas de retargeting a través de Google Ads y en los puestos patrocinados de Facebook.

La ventaja del retargeting es, de hecho, actuar sobre un público caliente, que ya conoce nuestra empresa y nuestros servicios, y que tendrá una tasa de conversión mucho más alta.

Por no hablar de la relación calidad-precio.

La inversión realizada por una empresa que utiliza principalmente instrumentos de promoción generalista es sin duda más elevada que la realizada por las empresas que aplican su estrategia de retargeting.

Gracias al retargeting es posible:

- convertir cada visita del sitio web en un contacto cualificado; - conocer mejor el objetivo; - reducir los costes de publicidad y aumentar sus beneficios; - Obtener nuevos clientes y fidelizar los ya adquiridos.

Además, la aplicación de una estrategia de retargeting correcta y el uso de las herramientas adecuadas permite medir mejor sus beneficios. En relación con la inversión apoyada, los elementos que deben tenerse en cuenta son: 1. el tipo de conversión (es decir, el porcentaje de usuarios llegados y convertidos en Lead)

2. el rendimiento de la inversión (es decir, el porcentaje de clientes que se convierten en Lead)

Ahora que sabes lo que es Lead Generation y cuáles son sus enormes potencialidades, lo único que tienes que hacer es aprovecharla para aumentar tus ganancias y conquistar nuevos clientes.

Lead Generation

Muchas empresas han comprendido la importancia de aplicar la generación líder a su estrategia de marketing, pero lo que no entienden es dónde y cómo comunicarse con sus clientes.

Para generar estos leads existen infinitas técnicas diferentes, que trabajan en varios niveles, tanto en línea como fuera de línea. Conocer a fondo nuestro objetivo es, sin embargo, un requisito fundamental si queremos poner en marcha una campaña de generación de éxito.

DEFINIR EL OBJETIVO CORRECTO

Antes de aplicar las técnicas descritas en este libro, es fundamental definir el objetivo correcto, es decir, a quién se dirigirán estas técnicas: ¿quién es la persona que, con mayor probabilidad, decidirá convertir?

Esta operación de definición de nuestro objetivo nos permitirá, por tanto, comprender a quién se dirigen nuestros esfuerzos. El establecimiento de un objetivo adecuado nos permitirá obtener resultados mucho más eficaces con el mismo presupuesto.

LA IDENTIFICACIÓN DEL CLIENTE IDEAL SIGNIFICA:

1. Delinear las características y necesidades del comprador ideal

2. Comprender quién es, qué hace y, en consecuencia, cómo podemos alcanzarlo

3. Analizar las dinámicas personales ideales para transmitir mejor nuestro mensaje

4. Personalizar nuestro estilo de comunicación tanto como sea posible

5. Realizar contenidos que puedan llevar a esta persona particular a la conversión

Estructura para aumentar las ventas

La experiencia del usuario en la estructura del sitio web es fundamental.

El proceso de compra requerirá que nuestro usuario realice varios pasos, que deben ser intuitivos y claros.

Esto guiará al usuario en la navegación creando una ruta lineal y fácil de recordar. Los contenidos del sitio deben ser fácilmente identificables a partir de la página de inicio, que es el primer contacto con el usuario. Cada sección debe ser accesible desde cada página del sitio web.

El sitio web debe ser visualizable sin errores y con las menores diferencias posibles en varios dispositivos como ordenadores, tabletas y smartphones.

Todos los aspectos del sitio web deben ser coherentes con la marca: la elección del lenguaje, los colores, el logotipo.

Si estás vendiendo un producto, también recuerda usar fotos emocionales: no solo quieres mostrar cómo es físicamente el producto, sino lo que se siente al usarlo, ¡muestra casos reales de uso con personas reales!

Por último, trate de acercar el cliente a su empresa o persona. Muestra tus valores, pasiones y atención hacia los productos o servicios que proporcionas.

Para generar lead, la ayuda de los medios sociales es fundamental. Gracias a ellos podrás:

- Ser visible y ponerte en contacto con muchos usuarios;

- Generar buzz mediático y un boca a boca;

- Individual e implicar a su objetivo mediante la realización de contenidos. El usuario debe tener la impresión de que te conoce a ti y a tu empresa a un nivel personal y no meramente laboral.

De hecho, con las redes sociales, te pones al mismo nivel que tu cliente. Por lo tanto, puedes comunicarte como un amigo, o incluso mantener tu tono de voz institucional, si es necesario. Los medios sociales también pueden ser utilizados como una herramienta válida para el servicio al cliente: los usuarios buscan cada vez más un contacto directo con las empresas y a través de las plataformas sociales tienen la posibilidad de obtener una solución a sus problemas en el menor tiempo posible.

Adquisición leads

A veces, en cambio, son los usuarios quienes, impulsados por sus investigaciones sobre los productos, son los primeros en declarar un interés por la empresa. Por ejemplo, optan por rellenar un formulario en el sitio web o suscribirse a un boletín de noticias para obtener un beneficio a cambio. La generación líder es precisamente esto: la adquisición de contactos de clientes potenciales, que la empresa podrá convertir en ventas a través de algunas acciones específicas.

Lead Generation se encarga, por tanto, de la adquisición de contactos, no de clientes.

A continuación, estos se acompañarán, mediante un proceso desarrollado ad hoc por la propia empresa, a la compra.

El objetivo directo de la generación líder no es, por lo tanto, la venta directa: esta técnica pierde una gran eficacia y corre el riesgo de conseguir resultados muy inferiores a los que obtendrías con un buen nurturing.

Su objetivo es construir una relación con el cliente, crear una relación de confianza que le haga elegir voluntariamente comprar su producto.

Estrategias de Lead Generation

Por lo tanto, definimos el proceso que debe llevar a cabo una empresa para adquirir a estos titulares y asegurarse de que están cualificados, es decir, personas que, tras una serie de contactos, pueden estar al menos interesadas en adquirir.

Estas son generalmente las etapas:

1. Identificar el objetivo y comprender sus necesidades

2. Elaborar una estrategia para alcanzarlo, generando tráfico en un sitio web de nuestra propiedad

3. Transformar el interés del visitante en un lead mediante la posibilidad de dejar una dirección de correo electrónico o un número de teléfono

4. Proceder con el contacto manual o automático del nuevo lead

5. Hacer comprender el valor real de la empresa y las ventajas en relación con la competencia

6. Ofrecer una solución real a un problema que el lead siente

7. Iterar, trabajando en informes y monitores para entender en qué fases del proceso se pierde eficacia

8. ¡Vender a los clientes listos, pero no rendirse sobre los demás!

Como has visto, todo el proceso está configurado como un gran filtro: en cada paso corremos el riesgo de perder algunos contactos, pero no importa: seguirán siendo los más aptos para comprar.

Por lo tanto, si ya has definido tu objetivo, debes proceder con la realización de una página de destino que pueda adquirir contactos de los visitantes interesados.

En efecto, más del 80 % de los visitantes no comprarán nada más descubrir el sitio: mediante este procedimiento, podrás recuperar una parte importante de estas personas, educándolas en tu producto.

Para las empresas, esto significa construir una presencia en línea visible y eficaz que presente a la empresa como una solución real al problema del consumidor. Para estar dispuesto a comprar, el usuario debe ser educado con el tiempo y construir una relación basada en la confianza con la empresa.

El primer contacto se hace generalmente a través de su sitio web, generalmente un blog, o los medios sociales. La técnica que a menudo se utiliza es transmitir confianza ya desde la primera reunión, tal vez con alguna información útil que usted puede proporcionar de forma gratuita.

La mejor manera de hacerlo es crear contenidos valiosos que contengan información útil y lo más personalizada posible. Si estos son tales, el usuario se sentirá impulsado por el deseo de profundizar en sus conocimientos y aceptará dejar sus contactos o, por ejemplo, suscribirse al boletín de noticias para obtener algo a cambio:

- E-book, Herramientas útiles, Plantillas;
- Video tutorial;
- Recursos gratuitos o Promociones;
- Puntos o Gadgets gratis.

¡De esta manera podrás filtrar a las personas interesadas en tu contenido gratuito, que será en general tu objetivo!

Los contactos recogidos a través de campañas promocionales, Opt-in page o un simple formulario en el sitio web o en el blog deben ser lo más segmentados posible y utilizados para dar inicio a lo que se denomina Lead Nurturing.

Lead Nurturing

El Lead Nurturing es la siguiente parte de tu estrategia de marketing.

De hecho, una vez que hayas recogido tu legado, tendrás que construir una relación personal que lo haga confiar en ti.

Hoy en día, los usuarios esperan una comunicación multicanal, ya que tendrás que ser capaz de llegar a ellos en Facebook, Youtube, correos electrónicos, etc.

El proceso de nurturing debe entonces desarrollarse a lo largo de un lapso de tiempo variable, pero que dé a tu lead la posibilidad de adaptarse a los cambios que le propones: ser constante y repetir los mismos conceptos varias veces si es necesario.

No intentes vender ahora, no funcionará. Más bien, acompaña al cliente en el razonamiento que le llevará a concluir que necesita su producto.

Tu comunicación debe tener como objetivo:

- Formar al cliente y disipar las dudas sobre tu marca y tu persona;
- Dar a conocer, incluso a nivel personal a través de mensajes no estrictamente relacionados con la venta;
- Calificar continuamente a los clientes, por lo tanto, excluyendo a los que no están en el objetivo;
- Convertir a tus clientes en influyentes, que, hablando de ti, sólo pueden dejar una retroalimentación positiva.

Por lo tanto, debe quedar claro que el lead nurturing no es una estrategia a corto plazo: tendrá que educar a su cliente y prepararlo para la compra, incluso durante varios meses. Para ello, se pueden utilizar múltiples herramientas y canales integrados entre sí. Sólo así será posible crear una relación constante y duradera.

Funnel Marketing

El Funnel de la venta

Funnel de ventas o marketing funnel es un sistema que te permite atraer clientes potenciales que están en el objetivo de tu empresa y luego convertirlos en clientes de pago.

"Funnel" en inglés significa embudo, porque esta es la forma que representa el flujo que convierte a los visitantes de nuestro sitio web en clientes. De hecho, el embudo es ancho por un lado y se estrecha con el progreso: del mismo modo, nuestro sitio web tendrá un gran número de visitantes, pero sólo una parte de ellos se convertirá en un lead. Con el proceso de nurturing, además, vamos a perder más contacto hasta el final, donde sólo una pequeña parte de los visitantes iniciales terminará comprando.

Así que el número de usuarios que saldrá del funnel será claramente menos que los que entraron.

Como resultado, en los sitios web navegan miles de visitantes, pero sólo unos pocos de ellos compran. Esto es perfectamente normal y no debes dejar que te desanime si notas una fuerte disrupción entre estos dos números.

Por eso necesitas un buen funnel: tendrás que trabajar duro en todos los pasos de tu funnel, pero el resultado será una mayor probabilidad de convertir a tus visitantes en lead, y a tus leads en clientes.

Cómo crear cualquier tipo de cuerda

En primer lugar, ¿por qué es importante poseer un funnel de venta? Hay varias razones que indican la importancia de tener en cuenta un funnel, los principales son: a menos que tengas una marca famosa, vender a una persona que no sabe quién eres es muy difícil. La gran mayoría de los visitantes de su sitio nunca se convertirá cuando llegue, precisamente por esta razón, es indispensable establecer una relación, para evitar que las personas que entran en su sitio salgan sin volver nunca. Además, es ventajoso poseer un funnel porque a menudo las personas interesadas necesitan tiempo para comprar, es decir, que hay quien compra, por ejemplo, unos días después de haber entrado en el funnel, y otros meses después. Como se ha mencionado anteriormente, un funnel de venta tiene como objetivo principal llevar al visitante desde el primer paso hasta el último, donde se realiza la conversión, por lo que para tener éxito es importante tener un criterio de venta para "superar" los distintos pasos del embudo.

¿Pero cómo se crea un funnel? Para realizar un funnel es necesario seguir varias fases: la primera fase consiste en hacerte notar y considerar, con el fin de meter en tu funnel a potenciales clientes. La segunda fase consiste en conceder un descuento sobre el producto dentro de un plazo determinado para incitar al consumidor a comprar. Posteriormente, en la tercera fase, se podría dar una "degustación" del producto o del servicio, por ejemplo, concediendo un determinado tiempo de prueba sobre su servicio, con el fin de incentivar el deseo de favorecer la compra en el futuro.

Pago por Click

El modo de publicidad Pay Per Click (PPC) es uno de los sistemas más simples y estándar para obtener tráfico en su sitio web; plataformas que suelen trabajar utilizando este sistema son Google Ads, Twitter, Facebook y muchos otros.

¿De qué se trata?

Muy simple: en el formato PPC, deberás pagar a tus proveedores de tráfico en base a cuántas visitas consigues.

El Pay Per Click es un método muy popular y eficaz para promover su sitio web: considera que es así que las grandes multinacionales como Google y Facebook cobran miles de millones de dólares cada año.

Publicar un anuncio publicitario en Facebook o Google es muy sencillo y lo puedes hacer sin experiencia. Sin embargo, crear un anuncio que funcione como se espera es otra historia.

Necesitarás habilidades de escritura, además de habilidades técnicas, y deberás monitorizar, analizar y modificar constantemente tu anuncio.

El PPC, sin embargo, es un sistema eficaz para la empresa que se promueve porque permite tener una visibilidad casi inmediata, sin los largos plazos y trabajos que requieren otras soluciones como el SEO.

Además, podrás optimizar enormemente la eficacia de tu anuncio seleccionando un objetivo muy específico, o incluso períodos horarios y zonas geográficas delimitadas: Estas medidas le permitirán exprimir el mayor valor posible de los clics que paga.

Pero entonces, ¿el Pay per Click es rentable? ¿O no?

Muchas veces el PPC funciona realmente, pero a menudo es una pérdida de tiempo y, sobre todo, de dinero.

Ya has visto anuncios en Facebook para los que no tienes ningún interés, quizás en empresas fuera de línea que abren a cientos de kilómetros de distancia.

Esto se debe a una configuración errónea de los anuncios, que más a menudo de lo debido se delegan a personas no profesionales.

Cómo definir el objetivo adecuado

¿Alguna vez te has dado cuenta de que estás hablando con gente que no está interesada en comprar tu producto o servicio? Probablemente esa gente es curiosa, o tal vez has tratado de hablar para exponer tu fabuloso producto, lo que pasa es que en su cara puedes interpretar el aburrimiento absoluto.

Aparte de algunos problemas de insomnio, usted debe saber que a menudo no es su propia presentación o sus propios productos que no funcionan, pero son los clientes potenciales con los que se relacionan que no son los adecuados para el contexto. Hay que saber, sin embargo, que cada persona tiene gustos e intereses diferentes y muchas veces lo que nos parece fabuloso, quizás sea aburrido e ineficaz para otras personas. Teniendo en cuenta estos factores, hay que saber que a menudo la media de las ventas está definida por varios factores y numerosos, el más importante es sin duda presentar tu producto o servicio adecuado a la persona adecuada, en el momento adecuado; este es el factor decisivo de las ventas y la comercialización. Las nuevas herramientas innovadoras como Google Adwords han tenido un gran éxito precisamente porque permite hacer marketing exclusivamente a quien queremos, gracias a las posibilidades cada vez más precisas de "filtrar" el objetivo y, por lo tanto, promover no sólo un producto clamoroso a las personas adecuadas, sino también en el momento adecuado. Además de Adwords, Facebook también se ha convertido en un canal muy importante para la comercialización en línea, porque es la herramienta más adecuada y completa del mundo para la posibilidad que nos ofrece de localizar a las personas adecuadas para hacer publicidad. Gracias a la montaña de datos que Facebook recoge continuamente, es posible especificar los intereses de las personas, las actividades que realizan y muchos otros filtros que son capaces de hacer la diferencia entre una campaña de trabajo y una desastrosa. En la mercadotecnia es muy importante poder localizar el objetivo adecuado, en particular: la edad, el sexo y las preferencias, de manera que se comprendan la mayoría de las características de las personas a las que se recurre, para entender no sólo las palancas de accionar, sino también todo el mensaje de comunicación a implementar.

El concepto fundamental es, por tanto:

Elige cuidadosamente a tu cliente ideal, descubre sus características, sus imperfecciones y sus preocupaciones.

Posicionamiento y marca

El capital más valioso de las empresas más famosas es sin duda dada por su propia marca, o branding.

De hecho, es a través de la marca que la empresa existe en las mentes de los consumidores.

La marca, a diferencia de los productos, no puede ser copiada o replicada, y muy a menudo proporciona más valor monetario al producto mismo.

Los valores y la imagen de la explotación son un patrimonio que hay que conservar y promover. La marca se convierte en una "promesa", es decir, nuestra promesa de ser realmente la mejor opción. Tener una estrategia de marca hoy en día ya no es una oportunidad, sino una condición indispensable para ser competitivos en mercados cada vez más desarrollados y amplios.

Landing pages

La Landing Page es uno de los elementos clave del Web Marketing, literalmente significa "página de aterrizaje" y es la primera página que nuestro visitante está leyendo después de descubrirnos a través de un enlace patrocinado.

Por lo tanto, se trata de una página muy importante, que determina la eficacia o no de nuestros esfuerzos de promoción.

El objetivo de esta página es obtener una respuesta; generalmente una acción simple y rápida, que no requiere una gran inversión de tiempo, dinero y atención.

Por lo general, una landing page es un sitio web de una sola página, con una sola call-to-action, de la que el usuario no puede escapar.

¿Para qué sirven entonces las Landing pages? Sirven para convertir a un cliente potencial.

El objetivo general es crear una conversión simple y rápida, como la posibilidad de recibir un correo electrónico, teléfono o incluso sólo a través de las redes sociales.

La landing page, por lo tanto, determina la conversión de los visitantes en lead, y por lo tanto nos permite crear una campaña publicitaria de éxito, si bien hecha.

Por lo tanto, usted querrá saber cómo optimizar las páginas de destino para obtener el mayor número de conversiones posibles. Tengo malas noticias para ti: no hay reglas fijas. Sin embargo, aquí están los principios que usted debe tener en cuenta en la realización de una página de destino:

- Extrema atención al contenido
- Destaca tu producto o servicio
- Técnicamente, tiene que funcionar bien en todos los dispositivos

Encontrarás un gran número de sitios web interesados en vender productos que apoyan en el desarrollo de una página de destino eficaz. Algunos son de pago, otros gratuitos: pero si utiliza Wordpress, simplemente seleccione un tema agradable y eficaz con un contenido de calidad.

El título de la página de destino es quizás la parte más importante de toda la página. Se lee un promedio de 4 veces más que cualquier otro texto de la página de destino, y debe interesar al lector desde el principio.

Por lo tanto, debe ser necesario ya desde el título el propósito de la página.

En cuanto a la call to action, existen las soluciones más diversas. Sólo en la generación líder, algunas empresas sólo piden la dirección de correo electrónico, mientras que otras, el número de teléfono, otras, una dirección completa.

Esto depende claramente del sector de su empresa, de lo que usted necesita para el lead nurturing.

Afiliate Marketing

Cómo funciona el mundo de las afiliaciones

El término afiliación representa un "vínculo" entre varias personas, sociedades o asociaciones.

Este vínculo puede ser de carácter comercial (Afiliate Marketing) cuando se presenta un Advertiser (persona) que tiene un producto o un servicio para vender y hay un afiliado (persona) que tiene la tarea de vender el producto del Advertiser, obteniendo una ganancia y finalmente la red (que actúa como intermediario entre las dos partes, poniendo a disposición la tecnología para el reporting, los pagos y la gestión del material publicitario).

El vínculo que se crea entre anunciante y afiliado se dice, por lo tanto, afiliación.

A continuación, el franquiciado recibe una comisión por la venta, siempre y cuando se haya concluido.

De ello se deduce que los esfuerzos de comercialización, en la venta de productos en franquicia, corren a cargo del afiliado.

Las técnicas de marketing web son generalmente las mismas que hay que seguir para la venta de un producto propio.

El franquiciado gana principalmente en relación con su rendimiento, cada venta se registra como una transacción y el plan de comisión puede entenderse como CPA (Cost for Action).

Cultivar tus propias pasiones

¡Puedes ganar dinero con tus propias pasiones, abriendo sitios web que tienen como contexto mis pasiones, intereses y conocimientos!

¿Quién no querría ganar con sus propias pasiones de diversión?

En el fondo, hacer un trabajo que te gusta es el sueño de mucha gente.

La realidad a menudo nos lleva a creer que debemos hacer un trabajo refiriéndonos a lo que el "mundo del trabajo" nos ofrece, pero con el Afiliado Marketing tenemos el poder de decisión nosotros.

No se trata de abrir una panadería porque "no está en tu ciudad", por lo que me tengo que adaptar a ser el gerente de una panadería. Aquí se trata de hacer este pasaje: "me gusta cocinar" y luego abro un blog de recetas de cocina, un sitio de recetas rápidas, también adaptado en dispositivos móviles, tal vez, con los arreglos que otros sitios de la industria no tienen, Estoy seguro de que eso hará la diferencia en el mercado.

Sin duda será útil para el usuario.

Hay buenos objetivos para empezar a hacer el trabajo de tus sueños, porque al crear contenido tendrás la oportunidad de buscar, estudiar y probar cosas que te gustan y, por lo tanto, también su cultura personal hacia ese tema aumentará.

En las Afiliaciones, escuchar afirmaciones del tipo "el año pasado gané más de 1 millón de euros" no son infrecuentes; pero estas afirmaciones, además de hacer comprender el potencial de la ganancia con las afiliaciones, también atraen la atención de determinadas personas.

En primer lugar, se puede ganar mucho, pero como todos los trabajos que se respetan, no es nada fácil.

Hemos visto que para hacer bien el trabajo de Afiliado es necesario adquirir competencias, para llegar a grandes niveles y, en consecuencia, ganancias hay que formar parte de un equipo, trabajar duro y sobre todo invertir dinero.

La Affiliate Marketing es una oportunidad para todos, porque no tiene límites de ganancias, de tiempo y de recursos, y depende de ti decidir cómo hacer este camino.

Como todo camino que se respete, también esta oportunidad tiene senderos y serás tú quien decida cuáles recorrer y cuáles no.

Recuerda, las ganancias fáciles no existen.

Cómo convertirse en un exitoso Afiliado Marketer

La verdad es que no es fácil convertirse en un exitoso vendedor afiliado.

En efecto, es necesario trabajar seriamente y ser impulsados por una visión estratégica provechosa, partiendo de un nicho específico: en un mercado tan saturado, es fundamental que establezcamos nuestro propio camino para construir nuestra presencia en línea y mejorar nuestra reputación.

El Parlamento Europeo votará un informe en el que se pide a la Comisión y a los Estados miembros que elaboren un plan de acción para la lucha contra la delincuencia organizada.

Es necesario crear contenidos pertinentes y originales, que añadan valor al conjunto; con el que se intenta conectar: revisiones, problemas y soluciones son sólo los tipos de temas en los que se necesita trabajar para consolidar su presencia y afirmarse como referencia para su nicho de mercado.

Por último, debe elegirse un programa de afiliación, teniendo en cuenta las condiciones comerciales, la fiabilidad y las modalidades de pago.

Un aspecto que muchos piensan que es inútil es la creación de una comunidad que describa, quizás, las actualizaciones publicadas de forma continua, por lo tanto, un gran número de visitas se determinan en gran parte por su sitio.

Con esta vista, sería mejor invertir en promociones, pero también en casos de marketing directo, con la creación de una lista de correo, o invirtiendo en estrategias que hagan aumentar el tráfico al sitio principal por los motores de búsqueda.

www.ingramcontent.com/pod-product-compliance
Lightning Source LLC
Chambersburg PA
CBHW030952240526
45463CB00016B/2520

* 9 781706 460404 *